falkemedia

mein ZauberTopf mixt!

Familien-Lieblinge

Unsere besten Rezepte
für den Thermomix®

2. Auflage
falkemedia GmbH & Co. KG

Von den Machern der mein ZauberTopf

Inhalt

mein ZauberTopf
Willkommen! 6

Tipps & Tricks für das Kochen mit dem Thermomix®
Der Mixtopf 10
Der Varoma 11
Der Garkorb 12
Der Spatel 13
Praktische Tipps 14
Grundeinstellungen 15

Rezeptregister 254

Impressum und Bildnachweise 258

Fleischgerichte 16

Hackfleischgerichte 36

Geflügelküche 52

Fischgerichte 64

Gemüse-Klassiker 76

Nudelgerichte 92

Suppen und Eintöpfe 108

Pfannkuchen, Omeletts & Co. 134

Pizza und Flammkuchen 156

Bunte Salate 168

Brote und Aufstriche 188

Süßspeisen 200

Kuchen und Desserts 210

Drinks 230

Basisrezepte 238

Unsere **20 absoluten Favoriten** unter den Lieblingsrezepten für den Thermomix® haben wir mit diesem Siegel gekennzeichnet. Wer diese Klassiker einmal zubereitet und seinen Liebsten daheim serviert hat, wird sie garantiert immer wieder mixen!

Willkommen in unserer Küche!

Was gibt es heute zu essen? Diese Frage stellen oder hören wir alle Tag für Tag. Entweder fragen wir uns selbst, worauf wir heute Lust haben, oder die Familie möchte bekocht werden. Abwechslungsreiche Antworten entwickeln wir in der Testküche von **mein ZauberTopf**. Die beliebtesten Gerichte, die dabei entstehen, haben wir für dieses Kochbuch zusammengetragen. Es liefert Inspiration für jede Tages- und Jahreszeit.

Täglich mixen und genießen

Eine der Herausforderungen, der wir uns im Alltag stellen, ist es, uns und unsere Lieben abwechslungsreich und ausgewogen zu bekochen. Bei 365 Tagen im Jahr, an denen auch ein Haushalt geführt und die Arbeit getan werden muss, ist das nicht immer ein leichtes Unterfangen.
In diesem Kochbuch zeigen wir, welch große Unterstützung der Thermomix® leisten kann, indem er zu jeder Tageszeit und zu jedem Anlass zur Stelle und in der Küche unser perfekter Assistent ist.
Wir haben die Rezepte in diesem Kochbuch mit Blick auf das tägliche Kochen von Mittag- und Abendessen ausgewählt, wenn alle aus der Schule oder von der Arbeit heimkommen. Gerade nach einem anstrengenden Tag tut nichts so gut wie ein leckeres Essen. Damit dies auf jeden Fall gelingt, brauchen wir Rezepte, auf die wir uns verlassen können und die der ganzen Familie schmecken. Dazu gehören zunächst mal sättigende Fleisch-, Geflügel-, Fisch- und Gemüsegerichte aus der deutschen Küche wie der Tafelspitz mit Soße, das cremige Hühnerfrikassee, der deftige Bauerntopf oder die gefüllte Paprika. Auch die italienische Küche liefert viele unserer Lieblinge, so zum Beispiel Spaghetti mit Tomatensoße, die weltbeste Lasagne oder die knusprige Pizza Margherita. Wer schnell etwas servieren möchte, greift gern auf Pfannkuchen, Suppen und Omeletts zurück, von denen wir hier die köstlichsten vorstellen. Dann gibt es noch den Reigen an herrlichen Salaten, Broten, Brötchen und Aufstrichen für zwischendurch sowie süße Speisen, Kuchen und Desserts für die Kaffeezeit. Wann immer ihr das Buch aufschlagt, ihr werdet etwas Zauberhaftes finden!

Euer
mein ZauberTopf-Team

In unserer großen Testküche, dem Foodio, mixen wir täglich viele köstliche Gerichte mit dem Thermomix®. Die beliebtesten Rezepte hat das **mein ZauberTopf**-Team für dieses Kochbuch zusammengestellt. Lasst euch verzaubern!

Unsere Rezeptentwickler, Redakteure und Mix-Profis:
Ricarda Ohligschläger, Vivien Windel, Nicole Stroschein, Jenifer Wohlers, Désirée Peikert, Vivien Koitka, Sophia Handschuh, Charlotte Marx (v.l.n.r.)

THERMOMIX® MIT MIXTOPF
GARKORB
thermomix
VORWERK
SPATEL
MESSBECHER
MIXTOPF-DECKEL
RÜHRAUFSATZ

Thermomix® Tipps & Tricks

Auf ihn ist Verlass: Zu jeder Tageszeit steht der Thermomix® in der Küche bereit und wartet auf seinen Einsatz. Wie ihr Mixtopf, Garkorb, Varoma, Einlegeboden und Spatel vielseitig, effizient und kreativ einsetzt, zeigen wir euch auf den nächsten Seiten in unserem großen Ratgeber rund um den Zaubertopf. Mit unseren Geheimtricks und guten Ideen werdet ihr zu absoluten Mix-Profis!

Der Mixtopf

Der Mixtopf ist das Herzstück des Thermomix®. Dank seiner vielen Funktionen, seines starken Messers, des Zubehörs und der Eigenschaften seiner Edelstahlhülle kann er unterschiedlichste Herausforderungen meistern!

Achtung!

Stets beachten
- Füllmenge: 2,2 Liter – Anzeige ist außen und innen sichtbar.
- immer nur bis zur Markierung „max" befüllen.

Der Rühraufsatz

Mit dem eingesetzten Rühraufsatz könnt ihr Luft unter Massen wie Sahne, Eiweiß, Pudding und Soßen schlagen, um etwa Schlagsahne, Eischnee und Ähnliches herzustellen.

Der Messbecher

Füllmenge: 100 ml bzw. 50 ml beim Füllen bis zur Höhe des Kragens

Mit dem Messbecher könnt ihr Zutaten abmessen. Er ist aber auch Verschlusskappe für den Deckel des , dient so als Spritzschutz und stoppt Wärmeverluste.

- Beim Zugeben geringer Flüssigkeitsmengen könnt ihr den Messbecher auf dem Deckel belassen. Die Flüssigkeit, die ihr zufügt, läuft dann über den Deckel und unter dem Messbecher hindurch in den .

13 Funktionen

1. **Zerkleinern:** Schokolade, Nüsse, Gemüse in Stücken hineingeben und zerkleinern.
2. **Mahlen:** Getreide oder Nüsse als Grundlage für Teige mahlen.
3. **Mixen:** Zutaten lassen sich schnell zu Cocktails, Smoothies, Sorbets und Eis verarbeiten.
4. **Vermischen:** Mit dieser Funktion gelingen Aufstriche, Schmarren und Quarkspeisen.
5. **Kneten:** Die Teigstufe hilft bei der Zubereitung von Plätzchen-, Brot- und Pizzateig.
6. **Rühren:** Für Speisen wie Risotto und Milchreis die perfekte Funktion.
7. **Dampfgaren:** Im wird Flüssigkeit erhitzt, so entsteht Dampf, der die Zutaten im Varoma gart.
8. **Wiegen:** Selbst während des Kochvorgangs können Zutaten eingewogen werden.
9. **Emulgieren:** So gelingen Dressing, Aioli, Mayonnaise und Vinaigrette garantiert.
10. **Kontrolliertes Erhitzen:** Die Temperatur kann von 50 bis 120 °C (TM31 bitte Varoma) eingestellt und konstant gehalten werden – ideal zum Sous-vide-Garen und für aufwendigere Gerichte.
11. **Aufschlagen:** Mit dem Rühraufsatz gelingen cremige, lockere und luftige Konsistenzen. Perfekt für Schlagsahne, Eischnee, Zabaione, Soßen & Co.
12. **Kochen:** Dank automatischer Steuerung könnt ihr Gerichte erwärmen, kochen, dünsten.
13. **Turbo:** Mithilfe der Intervall-Funktion (3–4 Mal Turbo für 0,5 Sek. aktivieren) könnt ihr größere Mengen Lebensmittel gleichmäßig zerkleinern.

Der Varoma

Der Varoma besteht aus Varoma-Behälter, Einlegeboden und Deckel. Für größere Lebensmittel oder größere Mengen der gleichen Zutaten könnt ihr den Einlegeboden weglassen.

Dampfgaren in 4 Schritten

1 Für eine Garzeit von 30 Min. mindestens 500 g Wasser in den geben.
2 Varoma befüllen, mit dem Deckel verschließen.
3 Varoma aufsetzen.
4 Nur niedrige Stufen verwenden (Sanftrührstufe bis Stufe 6).

Nun beginnt der Garvorgang. Das Wasser wird erhitzt, sodass pro 15 Min. 250 ml Flüssigkeit zu Dampf werden. Bei Einstellungen über Stufe 6 schaltet sich die Heizung ab, sodass kein Dampf mehr erzeugt wird.

Bitte stets beachten

Zur Nutzung des Varoma müssen immer mind. 500 g Wasser für eine Garzeit von 30 Min. in den gefüllt werden. Tipp: Für mehr Aroma könnt ihr auch Gemüsebrühe oder eine Mischung aus Wasser und Wein verwenden.

- Lebensmittel, die länger garen müssen, sollten unten liegen, die anderen oben.
- Einige Schlitze des Einlegebodens sollten stets frei bleiben, sodass der heiße Dampf entweichen kann.
- Den Messbecher beim Dampfgaren nicht im Deckel des belassen!
- Der Varoma wird sehr heiß und es tritt Dampf aus, daher immer an den Griffen anfassen und den Deckel immer vom Gesicht abgewendet öffnen!

Zutat	Zeit	Zu beachten
	**15–30 Min.**	Dünne frische Filets: 15 Min., dickere 20 Min., TK-Fisch zusätzliche 10–15 Min. garen. Tipp: Backpapier beim Garen unter den Fisch legen
	**20–90 Min.**	1000–1500 g Braten 90 Min., Filets & Minutensteaks 30 Min., Geschnetzeltes 20 Min. garen. Tipp: Aus der Garflüssigkeit Soße zubereiten!
	**20–75 Min.**	Geflügelstreifen 20 Min., Hühnerbrust und Putenschnitzel je nach Dicke 25–30 Min., ganzes Hähnchen 75 Min. (für knusprige Haut danach bei 200 °C 15 Min. im Ofen backen)
	**15–40 Min.**	Festes Gemüse 30–40 Min., weicheres 15–25 Min. garen. Bei sehr vollem Varoma zwischendurch wenden!

Der Garkorb

Im Garkorb könnt ihr Zutaten parallel zu anderen Speisen in Mixtopf und Varoma garen. Er sorgt dafür, dass die Lebensmittel darin während des Kochvorgangs nicht mit den Mixmessern in Berührung kommen.

Sicher ist sicher

- Den Gareinsatz stets mit dem Haken des herausheben, da er sehr heiß werden kann!
- Den Garkorb stets nur bis zur Markierung „max" befüllen.
- Während der Zubereitung einiger Speisen dient der Garkorb als Spritzschutz. Dafür den Messbecher weglassen und den Garkorb auf den Deckel des setzen. So kann Flüssigkeit verdampfen und nichts spritzt durch die Öffnung.
- Empfindliche Zutaten, die nicht direkt im gegart werden sollten, könnt ihr hierin garen.

Basisrezepte

750 g Kartoffeln in Stücken garen
25 Min. | Varoma | Stufe 1
mit 750 g Wasser und Salz im

300 g Reis zubereiten
20 Min. | 100 °C | Stufe 4
mit 1000 g Wasser, Salz und 1 TL Öl im

4 Eier kochen
11–15 Min. | Varoma | Stufe 1
mit 400 g Wasser im

Küchensieb-Ersatz

Während der Varoma sich als Sieb für größere Lebensmittel wie Kartoffeln und Tomaten eignet, ersetzt der Garkorb das Sieb für kleine Mengen. Ihr könnt Obst und Gemüse wie Beeren, Cocktailtomaten oder Weintrauben hineingeben, abspülen und abtropfen lassen.

Obst & -saft einwiegen

Obst und -saft aus Glas oder Konserve könnt ihr mit dem Gareinsatz einwiegen. Um zunächst den Saft einzuwiegen, Garkorb über den halten, Früchte hineingeben, dabei den Saft in den gießen. Erst dann den Garkorb einhängen und das Obst einwiegen.

Der Spatel

Er geht euch bei der Arbeit mit dem Thermomix® zur Hand, hat aber darüber hinaus noch viele andere Qualitäten!

Klug durchdacht:
Der Kragen erfüllt gleich mehrere Zwecke

- ✓ Er verhindert, dass der in den Topf rutscht.
- ✓ Ihr könnt den auf der Arbeitsplatte ablegen, ohne dass diese dabei schmutzig wird.
- ✓ Er verhindert, dass der vom Tisch rollt.
- ✓ Flüssigkeiten können euch nicht auf die Hände tropfen.

1

2

3

Was er sonst noch kann:

1 Den leeren.
2 Mithilfe des Hakens den Garkorb entnehmen.
3 Als Teigkarte dienen.
4 Schlagsahne oder Eischnee unterheben, Glasuren oder Cremes glatt streichen.

4

Umrühren und zerkleinern

Der ist gerade so lang, dass ihr ihn während des Kochvorgangs in den halten könnt, ohne dass er in die Klingen des Thermomix® gerät.

Es ist wichtig, für das Rühren während des Kochvorgangs nur den original von Vorwerk zu verwenden! Die Verwendung eines anderen ohne Schutzvorrichtung wäre gefährlich, da so Silikon- oder Plastikteilchen in eure Speisen geraten könnten.

Das Rühren von Teigen oder größeren Mengen wird mithilfe des vereinfacht. Es kann passieren, dass Teig oder Masse sich oben im ansammelt und das Messer leerläuft. Um das zu verhindern, den durch die Deckelöffnung halten und beim Rühren helfen.

Praktische Tipps

Wenn ihr diese Tipps beim Kochen beachtet, geht es reibungslos – ob nach Rezept oder ganz kreativ mit eigenen Ideen, aber auch beim Variieren unserer Vorschläge!

Unsere Symbole

Im gesamten Kochbuch verwenden wir diese Symbole, die die unterschiedlichen Funktionen und Hilfsmittel des Thermomix® darstellen.

Mixtopf · Spatel · Linkslauf · Sanftrührstufe · Teigstufe

Allgemeines

- Trockene Zutaten immer zuerst verarbeiten.
- Die Füllmenge von , Garkorb und Varoma nie überschreiten.
- Höhere Drehzahlen (ab Stufe 3) ausschließlich mit eingesetztem Messbecher einstellen.
- Bei heißem -Inhalt niemals die Turbo-Stufe verwenden!
- Ist heißes Gargut enthalten, Deckel des Varoma und des nicht zum Gesicht hin öffnen – so steigt kein heißer Wasserdampf ins Gesicht.
- Die Waage vor dem Zugeben der ersten Zutat durch Tippen auf das Waage-Symbol auf 0 stellen.
- Die Waage könnt ihr auch nutzen, wenn der Thermomix® läuft – bis zu Stufe 4.
- Die Zeit, die der Thermomix® zum Zerkleinern von Zutaten benötigt, ist auch davon abhängig, wie groß die Stücke sind. Faustregel: Gemüsestücke etwa sollten so groß sein, dass sie durch die Öffnung im Deckel des passen.

Zu den Rezepten in diesem Buch

- Fast alle Rezepte sind für 4 Portionen bzw. 4 Personen berechnet, dies variiert nur gelegentlich.
- Kühl-, Ruhe- oder Ziehzeiten sind zusätzlich zur Zubereitungszeit vermerkt und nicht in diese hineingerechnet.
- Alle Zutatenangaben sind in Gramm angegeben.
- Bei Eiern in der Zutatenliste verwenden wir Eier der Größe M.
- Bei Zitrusfrüchten empfehlen wir die Verwendung von unbehandeltem Obst.
- Die Angaben zu Obst und Gemüse beziehen sich in unseren Rezepten auf geschälte Kartoffeln.
- Die Backofentemperaturen in unseren Rezepten können je nach Gerät variieren. Prüft Gebäck oder Ofengerichte sicherheitshalber gelegentlich.
- Sofern nicht anders beschrieben, immer den Messbecher eingesetzt lassen.

Grundeinstellungen verstehen & anwenden

Die Einstellungen immer in dieser Reihenfolge vornehmen:

1. **Zeitwahl**
Sekunden, Minuten, Stunden

2. **Temperatur**
Grad, Varoma

3. **Funktion (falls nötig)**
Linkslauf, Teigstufe, Turbo

4. **Drehzahl**
Sanftrührstufe, Stufe 1–10

In Beispielen

Normales Erhitzen
5 Min. | 100 °C | | Stufe 1

Kochen empfindlicher Zutaten
5 Min. | 98 °C | | Sanftrührstufe

Teig kneten
2 Min. |
(Funktionsanzeige durch Tippen starten, Teigmodus auswählen und den Drehknopf nach rechts drehen)

Gemüse zerkleinern
4 Sek. | Stufe 5

Zerkleinern von Zutaten

Beim Zerkleinern oder Pürieren mit einer kurzen Sekunden-Zeit starten. Ergebnis prüfen. Ist es noch zu grob, noch einige Sekunden einstellen und zerkleinern, bis das gewünschte Ergebnis erreicht ist.

Erwärmen, erhitzen, kochen

Die Dauer des Erhitzungsvorgangs hängt davon ab,

- welche Ausgangstemperatur die Zutat hat, die ihr erhitzen wollt (tiefgekühlt, Kühlschranktemperatur, Zimmertemperatur),
- welche Menge, welches Gewicht und welches Volumen die Zutaten haben, die ihr zubereiten möchtet,
- wie wärmeleitfähig die Zutaten sind,
- welche Temperatur ihr eingestellt habt,
- welche Drehzahl ihr eingestellt habt und
- ob ihr noch zusätzlich Garkorb oder Varoma verwendet.

VORWERK
Menu

Fleisch-Gerichte

Ein saftiges Steak, kräftige Rouladen oder ein zartes Stück Tafelspitz lassen Fleischliebhabern das Wasser im Munde zusammenlaufen. Wir zeigen, wie ihr den Varoma und den Mixtopf zum Garen einsetzen könnt. Zudem erfahrt ihr, welche Beilagen ideal mit dem edlen Fleisch harmonieren – wie cremiges Püree, Herzoginkartoffeln oder saisonales Gemüse aus dem Garkorb

Rouladen mit Spätzle

Rouladen werden zunächst kurz und kräftig angebraten und garen anschließend sanft im Varoma, so bleiben sie schön saftig! Sie sind hier ganz klassisch mit Gewürzgurken, Senf und Speck gefüllt.

4 Portionen

02:00 std : min

Zubereitung

1. 1 Zwiebel mit Gewürzgurken in den geben und **5 Sek. | Stufe 5** zerkleinern. Umfüllen und den spülen. Die Rouladen mit Senf bestreichen, salzen und pfeffern. Mit den Speckscheiben belegen. Den Zwiebel-Gurken-Mix darauf verteilen, aufrollen, mit Garn oder Rouladennadeln fixieren.

2. Mehl, Eier, 1 TL Salz, Muskat und Mineralwasser in den geben und **3 Min. |** verrühren. Den Spätzleteig in eine Schüssel füllen, abdecken und ruhen lassen. spülen.

3. Das Öl in einer Pfanne erhitzen. Die Rouladen darin von allen Seiten kurz anbraten, herausnehmen und auf feuchtem Backpapier im Varoma-Behälter verteilen. Den Bratensatz in der Pfanne mit etwa 300 g Wasser ablöschen.

4. Übrige Zwiebel, Karotte, Sellerie und Porree in den geben, **5 Sek. | Stufe 5** zerkleinern. Etwas Öl sowie Tomatenmark zugeben und **2 Min. | 120 °C** [TM31 bitte Varoma] **| Stufe 1** dünsten. Rotwein zugeben und **2 Min. | 120 °C** [TM31 bitte Varoma] **| Stufe 2** ohne Messbecher dünsten. 700 g Wasser und Bratensaft zugeben. Den Varoma aufsetzen und alles **90 Min. | Varoma | Stufe 2** garen.

5. Inzwischen den Spätzleteig in einen Topf mit kochendem Wasser schaben oder mit der Spätzlepresse hineinpressen. Sobald sie nach oben steigen, abschöpfen, abtropfen lassen und nach Belieben mit etwas Butter vermengen.

6. Den Varoma zur Seite stellen und den Messbecher einsetzen. Die Soße **30 Sek. | Stufe 6** pürieren, mit Salz sowie Pfeffer abschmecken. Mit Rouladen und Spätzle servieren.

PRO PORTION:
895 KCAL | 55 G E | 30 G F | 100 G KH

Zutaten

- 2 kleine Zwiebeln, halbiert
- 4 kleine Gewürzgurken
- 4 Rinderrouladen (à ca. 200 g)
- 2 TL mittelscharfer Senf
- Salz
- frisch gemahlener schwarzer Pfeffer
- 4 Scheiben Bauchspeck, geräuchert
- 500 g Mehl Type 405
- 5 Eier
- 1 Prise frisch geriebene Muskatnuss
- 200 g Mineralwasser
- Öl zum Braten
- 1000 g Wasser
- 1 kleine Karotte, in Stücken
- 50 g Knollensellerie, in Stücken
- 1 Stange Porree, in groben Ringen
- 20 g Pflanzenöl
- 20 g Tomatenmark
- 50 g trockener Rotwein
- nach Belieben etwas Butter

Außerdem

- Garn oder Rouladennadeln

Gulasch mit Bandnudeln

Hausgemachtes Gulasch muss dank Thermomix® nicht stundenlang schmoren, sondern entfaltet in nur rund einer Stunde seinen vollen Geschmack – und macht dieses Rezept so alltagstauglich.

4 Portionen

01 15 std : min

Zubereitung

1. Zwiebeln, Knoblauch, Karotte und Sellerie in den geben, **5 Sek.** | **Stufe 4** zerkleinern. Mit dem nach unten schieben. Öl und Tomatenmark zugeben, **3 Min.** | **120 °C** [TM31 bitte Varoma] | **Stufe 1** andünsten. Das Fleisch zugeben und **4 Min.** | **120 °C** [TM31 bitte Varoma] | | **Stufe 1** dünsten. Brühe, Tomaten, Lorbeerblätter, Kümmel, Paprikapulver, Salz und Pfeffer zufügen, **50 Min.** | **100 °C** | | **Stufe 1** schmoren.

2. In einem Topf Wasser für Nudeln aufsetzen und die Nudeln nach Packungsanweisung bissfest garen.

3. Stärke mit etwas Wasser verrühren und mit den Paprikastücken in den geben, nochmals **10 Min.** | **100 °C** | | **Stufe 1** weiterschmoren. Den leeren. Gulasch mit Nudeln anrichten und servieren.

PRO PORTION:
855 KCAL | 57 G E | 25 G F | 102 G KH

Zutaten

- 2 Zwiebeln, halbiert
- 1 Knoblauchzehe
- 1 kleine Karotte, in Stücken
- 50 g Knollensellerie, in Stücken
- 30 g Pflanzenöl
- 30 g Tomatenmark
- 700 g Rindergulasch
- 250 g Fleischbrühe
- 400 g stückige Tomaten (Dose)
- 2 Lorbeerblätter
- 1 TL Kümmel
- 2 TL edelsüßes Paprikapulver
- 2 Prisen Salz
- 2 Prisen frisch gemahlener schwarzer Pfeffer
- 500 g Bandnudeln
- 20 g Stärke
- 1 rote Paprikaschote, in Stücken

Tipp: Wer das Gulasch mit Kartoffeln essen möchte, kann nach 30 Min. der Garzeit des Gulaschs geschälte und in Stücke geschnittene Kartoffeln in den Varoma legen, diesen aufsetzen und die Kartoffeln mitgaren. Danach warm halten und mit Schritt 3 wie beschrieben fortfahren.

Sous-vide-Rinderfilet mit Herzoginkartoffeln

Das vakuumierte Filet wird bei dieser Methode direkt in den Garkorb gelegt und gart im eigenen Saft. Das sorgt für intensiven Geschmack und macht das Fleisch besonders zart und saftig.

4 Portionen | 02:00 std : min

Zubereitung

1. Kartoffeln und Milch in den geben. Mit 2 TL Salz, 2 TL Pfeffer, 2 Prisen Muskat würzen, **25 Min. | 100 °C | | Stufe 1** ohne Messbecher kochen, dabei den Garkorb als Spritzschutz auf den Deckel stellen. 60 g Butter und Eier zugeben, Messbecher einsetzen und **40 Sek. | Stufe 3** mixen. Masse umfüllen. spülen. Abgekühlte Masse in einen Spritzbeutel füllen und die Rosetten auf ein mit Backpapier belegtes Blech spritzen.

2. Filets mit Öl bestreichen, von beiden Seiten pfeffern. Je 2 Filets in 1 Beutel geben und vakuumieren (ggf. vom Metzger beim Kauf vakuumieren lassen). Wichtig: Mehr als 2 Beutel passen nicht in den Garkorb. Diesen einhängen. mit Wasser füllen, bis die Beutel komplett bedeckt sind. **50 Min. | 60 °C | Stufe 1** medium garen. Beutel herausnehmen, beiseitelegen. leeren. Den Ofen auf 200 °C Ober-/Unterhitze vorheizen.

3. 40 g Butter in den geben und **1 Min. | 100 °C** schmelzen. Den Wirsing zugeben, **15 Sek. | Stufe 4** zerkleinern und umfüllen. Wasser mit Gemüse-Gewürzpaste, Sahne sowie Stärke zugeben und **20 Min. | 100 °C | | Stufe 2** garen.

4. Inzwischen die Herzoginkartoffeln im Ofen 10–15 Min. goldbraun backen. Öl in einer Pfanne erhitzen. Fleisch aus den Beuteln nehmen, trocken tupfen und salzen. In einer Pfanne für etwa 1 Min. von jeder Seite scharf anbraten, mit Wirsing und Herzoginkartoffeln servieren.

PRO PORTION:
821 KCAL | 58 G E | 43 G F | 52 G KH

Zutaten

- 800 g Kartoffeln, geschält und in kleinen Stücken
- 300 g Milch
- Salz
- frisch gemahlener schwarzer Pfeffer
- frisch geriebene Muskatnuss
- 100 g Butter, in Stücken
- 2 Eier
- 4 Rinderfilets (à etwa 180 g)
- Pflanzenöl zum Bestreichen
- 600 g Wirsing, in Stücken
- 200 g Wasser
- 1 TL Gemüse-Gewürzpaste
- 200 g Sahne
- 10 g Stärke
- etwas Öl zum Braten

Außerdem

- Vakuumiergerät
- Vakuumierbeutel

Schweinefilet mit Pflaumen

All in one: Dieses Gericht kommt ganz ohne zusätzliche Töpfe und Pfannen aus, denn es kann vollständig mit dem Thermomix® zubereitet werden – und dabei wird auch alles gleichzeitig fertig!

4 Portionen | 00 50 std : min

Zubereitung

1. In das Schweinefilet mit einem scharfen Messer einmal längs in der Mitte eine tiefe Tasche schneiden. 200 g Pflaumen einfüllen und mit Salz sowie Pfeffer würzen. Das Filet wieder zusammenklappen, fest in Frischhaltefolie wickeln und in den Varoma legen.

2. Zwiebel, restliche Pflaumen sowie Knoblauch in den Mixtopf geben und **5 Sek. | Stufe 5** zerkleinern. Wasser, Gemüse-Gewürzpaste und das Tomatenmark zugeben, die Kartoffeln in den Garkorb einwiegen. Varoma aufsetzen und alles **40 Min. | Varoma | Stufe 1** garen.

3. Den Varoma abnehmen und zur Seite stellen, den Garkorb mithilfe des Spatels herausnehmen. Sahne zur Garflüssigkeit geben und **10 Sek. | Stufe 8** mixen. Nach Belieben mit etwas Soßenbinder binden.

4. Fleisch aufschneiden und mit den Kartoffeln und Soße anrichten und mit Petersilie bestreut servieren.

PRO PORTION:
546 KCAL | 33 G E | 19 G F | 65 G KH

Zutaten

- 500 g Schweinefilet
- 250 g Trockenpflaumen
- 2 Prisen Salz
- frisch gemahlener schwarzer Pfeffer
- 1 Zwiebel, halbiert
- 1 Knoblauchzehe
- 500 g Wasser
- 1 ½ TL Gemüse-Gewürzpaste
- 2 TL Tomatenmark
- 500 g Kartoffeln, geschält, in Stücken
- 200 g Sahne
- nach Belieben etwas Soßenbinder
- einige Blättchen Petersilie zum Garnieren

Tipp: Wer eine Alternative zu den Trockenpflaumen sucht, kann diese auch durch anderes Trockenobst ersetzen. Sehr gut schmecken zum Beispiel getrocknete Aprikosen oder auch Kirschen und Cranberrys.

Kasseler mit Sauerkraut und Püree

Das gepökelte und leicht geräucherte Schweinefleisch harmoniert besonders gut mit saurem Kraut und cremig pürierten Kartoffeln. Vielerorts ist dies ein beliebtes Mittagsgericht.

4 Portionen | 01:10 std : min

Zubereitung

1. Die Zwiebeln mit dem Apfel in den Mixtopf geben und **5 Sek. | Stufe 4** zerkleinern. Das Öl zugeben und **3 Min. | 120 °C** [TM31 bitte Varoma] | **Stufe 1** andünsten. Nun das Sauerkraut mit dem Lorbeerblatt, Kümmel, 1 Prise Salz zugeben und alles **5 Min. | 100 °C | Stufe 2** dünsten.

2. Varoma auf einen Teller stellen, gedünstetes Sauerkraut darin verteilen. Darauf das Kasseler legen.

Das bereits mit Zwiebeln und Äpfeln aromatisierte Sauerkraut gebt ihr zum Garen zusammen mit dem Kasseler in den Varoma.

3. Wasser und 1 TL Salz in den leeren Mixtopf geben, den Garkorb einhängen, Kartoffeln einwiegen und den Varoma aufsetzen. **35 Min. | Varoma | Stufe 1** garen.

4. Varoma abnehmen und Garkorb mit dem Spatel herausnehmen. Den Mixtopf leeren. Milch, Kartoffeln, Muskat, 1 Prise Salz, Pfeffer und Butter in den Mixtopf geben, **15 Sek. | Stufe 3,5** zerkleinern. Anschließend das Kartoffelpüree zusammen mit dem Sauerkraut und dem Kasseler anrichten und mit Petersilie bestreut servieren.

PRO PORTION:
444 KCAL | 31 G E | 13 G F | 49 G KH

Zutaten

- 2 Zwiebeln, halbiert
- 1 Apfel, geviertelt
- 20 g Pflanzenöl
- 1000 g Sauerkraut
- 1 Lorbeerblatt
- 1 TL Kümmelsamen
- Salz
- 4 Scheiben Kasseler
- 600 g Wasser
- 800 g Kartoffeln, geschält und in kleinen Stücken
- 150 g Milch
- 2 Prisen frisch geriebene Muskatnuss
- 1 Prise frisch gemahlener schwarzer Pfeffer
- 20 g Butter
- einige Blättchen Petersilie zum Garnieren

Tafelspitz mit Kräutersoße

Das spitz zulaufende Schwanzstück von Rind oder Kalb wird im Dampf besonders schön saftig gegart. In Scheiben geschnitten wird es traditionell auf Gemüse mit einer Kräutersoße serviert.

4 Portionen | 01 40 std : min

Zubereitung

1. Kräuter in den Mixtopf geben, **3 Sek. | Stufe 8** zerkleinern, umfüllen, in den Kühlschrank stellen. 1 Zwiebel in Ringe schneiden. Mit Karotten und Lorbeerblättern in den Varoma legen. Fleisch kräftig salzen und pfeffern, auf die Karotten legen, Varoma verschließen.

2. 2 Zwiebeln halbieren, mit Knoblauch im Mixtopf **5 Sek. | Stufe 5** zerkleinern. Das Öl zugeben, **3 Min. | 120 °C** [TM31 bitte Varoma] **| Stufe 2** andünsten. Wasser und Gewürzpaste zugeben. Den Varoma aufsetzen und alles **1 Std. | Varoma | Stufe 2** dünsten. Varoma auf einen Teller stellen. Den Garkorb einhängen, die Kartoffeln einwiegen. Den Varoma aufsetzen und weitere **22 Min. | Varoma | Stufe 2** garen.

3. Varoma auf einen Teller stellen. Garkorb mithilfe des Spatels herausnehmen, auf den Varoma stellen. Den Mixtopf leeren, die Garflüssigkeit dabei auffangen. Nun 400 g der Garflüssigkeit zurück in den Mixtopf geben, Mehl, Crème fraîche, ½ TL Salz sowie 3 Prisen Pfeffer hinzufügen. Alles **5 Sek. | Stufe 5** vermengen und anschließend **3 Min. | 100 °C | Stufe 3** aufkochen. Die Kräuter zugeben und alles **10 Sek. | Stufe 8** pürieren. Fleisch, Gemüse sowie Soße zusammen auf Tellern anrichten, mit Petersilie und Schnittlauch garnieren und sofort servieren.

PRO PORTION:
495 KCAL | 35 G E | 29 G F | 23 G KH

Zutaten

- Blättchen von 1 Bund Petersilie zzgl. etwas mehr zum Garnieren
- Blättchen von 1 Bund Kerbel
- 1 Bund Schnittlauch, in Röllchen, zzgl. etwas mehr zum Garnieren
- Blättchen von 1 Bund Basilikum
- 3 Zwiebeln
- 2 Karotten, in Stücken
- 2 Lorbeerblätter
- 1000 g Tafelspitz
- Salz
- frisch gemahlener schwarzer Pfeffer
- 2 Knoblauchzehen
- 20 g natives Olivenöl extra
- 1000 g Wasser
- 2 gehäufte TL Gemüse-Gewürzpaste
- 750 g Kartoffeln, geschält, in Stücken
- 30 g Mehl Type 405
- 200 g Crème fraîche

Steaks mit Rosmarin-Kartoffeln und Coleslaw

Erst auf den Punkt gegart, dann in der Pfanne kurz knusprig angebraten. Mithilfe des Thermomix® wird Sous-vide-Garen herrlich einfach, das Fleisch gelingt himmlisch saftig und zart.

4 Portionen

01 20 std : min

Zubereitung

1. Für den Coleslaw den Weißkohl in den geben und **4 Sek. | Stufe 5** mithilfe des zerkleinern. In eine große Schüssel umfüllen. Karotte sowie Zwiebel in den geben und **5 Sek. | Stufe 5** zerkleinern, ebenfalls in die Schüssel geben. Nun die Mayonnaise, saure Sahne, 15 g Weißweinessig, Zucker, 1 TL Salz und 3 Prisen Pfeffer in den geben, **10 Sek. | Stufe 4** verrühren. Den Weißkohl-Karotten-Mix zugeben und **1 Min. | | Stufe 3** vermischen. Umfüllen und mind. 1 Std. kalt stellen. Den spülen.

2. Inzwischen für die Kräuterbutter die Knoblauchzehen, italienische Kräuter, Schnittlauch, Petersilie, Senf sowie den restlichen Essig in den geben und **10 Sek. | Stufe 8** mixen. Mit dem nach unten schieben. Butter und 50 g Olivenöl hinzufügen, mit Salz sowie Pfeffer würzen und **10 Sek. | Stufe 4** vermischen. Die Kräuterbutter umfüllen und kalt stellen.

3. Für die Steaks Rosmarin in den geben, **3 Sek. | Stufe 8** hacken, umfüllen und beiseitestellen. Die Steaks trocken tupfen, salzen und pfeffern, je 2 davon in einem Beutel vakuumieren. In den Garkorb legen und diesen in den einhängen. Mit Wasser auffüllen, bis die Beutel bedeckt sind. Die Steaks **55 Min. | 55 °C | Stufe 1** garen.

4. In der Zwischenzeit den Backofen auf 200 °C Ober-/Unterhitze vorheizen. Die Kartoffeln mit Rosmarin sowie restlichem Olivenöl in einer Auflaufform vermischen und im Ofen 30–35 Min. backen.

5. Die Steaks aus den Beuteln nehmen und trocken tupfen. Das Sonnenblumenöl in einer Pfanne stark erhitzen. Die Steaks von beiden Seiten darin etwa 30 Sek. scharf anbraten. Mit den Rosmarin-Kartoffeln, der Kräuterbutter und dem Coleslaw servieren.

PRO PORTION:
1486 KCAL | 51 G E | 114 G F | 60 G KH

Zutaten

- 500 g Weißkohl, in groben Stücken
- 1 Karotte, in groben Stücken
- 1 Zwiebel, halbiert
- 150 g Mayonnaise
- 100 g saure Sahne
- 30 g Weißweinessig
- 40 g Zucker
- Salz
- frisch gemahlener schwarzer Pfeffer
- 2 Knoblauchzehen
- Blättchen von 1 Bund italienischer Kräuter
- ½ Bund Schnittlauch, in Röllchen
- einige Blättchen glatte Petersilie
- 1 TL mittelscharfer Senf
- 200 g weiche Butter, in Stücken
- 100 g natives Olivenöl extra
- Nadeln von 4 Zweigen Rosmarin
- 4 Rinderhüftsteaks (à 200 g, 3 cm dick)
- etwa 800 g Wasser
- 1000 g Drillinge, längs halbiert
- 20 g Sonnenblumenöl

Außerdem

- Vakuumierbeutel
- Vakuumiergerät

Rinderfilet mit Knödeln und Rotkohl

Rindfleisch mit Knödeln und Rotkohl wird oft zu Weihnachten, aber auch zu anderen Anlässen sehr gern gegessen. Mit dem Thermomix® gelingt das köstliche Gericht so gut wie bei Oma!

4 Portionen | 02 20 std : min

Zubereitung

1. 750 g Wasser in den füllen. Den Varoma aufsetzen, Kartoffeln hineinlegen und verschließen. Etwa **35–40 Min. | Varoma | Stufe 1** garen.

2. Garkorb aushängen, leeren. Kartoffeln ausdampfen lassen und pellen. Durch eine Kartoffelpresse in den drücken. Stärke, Eigelbe, 40 g Butter, 1 TL Salz sowie je 2 Prisen Pfeffer und Muskatnuss zugeben, **1 Min. |** verkneten. Den Teig in Frischhaltefolie gewickelt in den Kühlschrank legen. spülen.

3. Schalotten im **5 Sek. | Stufe 5** hacken, umfüllen. Rotkohl in den einwiegen, **5 Sek. | Stufe 5** zerkleinern und umfüllen. Apfel im **4 Sek. | Stufe 5** zerkleinern, ebenfalls umfüllen. Zwiebel im für **5 Sek. | Stufe 5** zerkleinern. Schmalz zufügen, **3 Min. | 100 °C | Stufe 2** andünsten. Apfel, Rotkohl, Zucker, 1 TL Salz, Gewürzpaste, Essig, 175 g Wasser und die Gewürze zufügen und **60 Min. | 100 °C | | Stufe 1** garen. Das Gelee **10 Sek. | | Stufe 2** unterrühren. Umfüllen und warm halten. Den spülen.

4. mit 500 g Wasser befüllen. Varoma fetten. Mit feuchten Händen aus dem Teig Klöße formen. In den Varoma geben, aufsetzen, Klöße **22 Min. | Varoma | Stufe 1** dämpfen.

5. Backofen auf 100 °C Ober-/Unterhitze vorheizen. Filets waschen und trocken tupfen. Medaillons je mit etwas Küchengarn umwickeln. Öl in einer Pfanne erhitzen und die Medaillons darin von jeder Seite etwa 2 Min. 30 Sek. scharf anbraten. In Alufolie wickeln und im Ofen etwa 10 Min. ruhen lassen.

6. Übrige Butter im Bratensatz schmelzen, gehackte Schalotten bei mittlerer Hitze anbraten. Rotwein und Fond angießen, unter Rühren köcheln lassen, bis die Soße etwa auf die Hälfte reduziert ist. 2 Prisen Pfeffer zugeben. Klöße mit Kohl, Filet und Soße servieren.

PRO PORTION:
925 KCAL | 41 G E | 50 G F | 72 G KH

Zutaten

- 1425 g Wasser
- 700 g mehligkochende Kartoffeln
- 60 g Stärke
- 2 Eigelb
- 70 g weiche Butter, in Stücken zzgl. etwas mehr zum Fetten
- Salz
- frisch gemahlener schwarzer Pfeffer
- frisch geriebene Muskatnuss
- 2 Schalotten
- 600 g Rotkohl, in Stücken
- 1 großer Apfel, geschält, geviertelt
- 1 Zwiebel, halbiert
- 30 g Schweineschmalz
- 20 g Zucker
- ½ TL Gemüse-Gewürzpaste
- 30 g Rotweinessig
- 1 Lorbeerblatt
- 1 Gewürznelke
- 40 g Johannisbeergelee
- 4 Rinderfiletmedaillons (à 150 g)
- 3 EL natives Olivenöl extra
- 250 g Rotwein
- 200 g Rinderfond

Außerdem

- Küchengarn

Schweinebraten mit Biersoße

Hättet ihr es gewusst? Ihr könnt einen ganzen Schweinebraten im Varoma zubereiten. Der heiße Dampf lässt das kompakte Stück herrlich zart werden. Ein perfektes Wochenendgericht!

4 Portionen

02 40 std : min

Zubereitung

1. Zwiebel, Knoblauch und Gemüse im Mixtopf für **4 Sek. | Stufe 5** zerkleinern, mit dem Spatel nach unten schieben. Schinkenspeck sowie Öl hinzugeben und **4 Min. | 100 °C | Stufe 2** andünsten. Gemüse mit 500 g Wasser und 250 g Malzbier aufgießen, mit Gewürzpaste und 2 Prisen Pfeffer würzen. Lorbeerblatt und Wacholderbeeren zugeben.

2. Den Braten rundum kräftig mit Salz, Pfeffer und Paprikapulver würzen, in den Varoma legen. **60 Min. | Varoma | Stufe 1** garen. Dann weitere 500 g Wasser und restliches Malzbier zugeben, weitere **60 Min. | Varoma | Stufe 1** garen. Den Backofen auf 240 °C Ober-/Unterhitze vorheizen.

3. Das Fleisch mit der Schwarte nach oben sowie Gemüse und Garsud in eine Auflaufform geben. Den Braten 20–30 Min. im heißen Ofen knusprig backen.

4. Währenddessen 500 g Wasser mit 1 TL Salz in den Mixtopf einwiegen, Garkorb einsetzen und Kartoffeln hineingeben. **25 Min. | Varoma | Stufe 2** garen. Herausnehmen, beiseitestellen und den Mixtopf leeren.

5. Das Fleisch aus dem Garsud nehmen, in Alufolie gewickelt ruhen lassen. Lorbeer und Wacholderbeeren aus der Soße entfernen. Garsud mit Gemüse aus der Auflaufform, Sahne und Stärke im Mixtopf **30 Sek. | Stufe 8** pürieren, **2 Min. | 100 °C | Stufe 3** aufkochen. Nach Bedarf etwas Wasser zugeben. Soße mit Salz und Pfeffer würzen. Braten in Scheiben schneiden, mit Kartoffeln und Soße servieren.

PRO PORTION:
1026 KCAL | 70 G E | 72 G F | 25 G KH

Nach dem Würzen gart der Braten 2 Stunden im Varoma. Im Ofen backt er anschließend knusprig, während Zeit für die Zubereitung von Gemüse und Soße bleibt.

Zutaten

- 1 Zwiebel, halbiert
- 1 Knoblauchzehe
- 100 g Karotte, in Stücken
- 100 g Porree, in Stücken
- 80 g Knollensellerie, in Stücken
- 40 g Schinkenspeck, gewürfelt
- 20 g Sonnenblumenöl
- 1500 g Wasser
- 500 g Malz- oder Schwarzbier
- 2 TL Gemüse-Gewürzpaste
- frisch gemahlener schwarzer Pfeffer
- 1 Lorbeerblatt
- 2 Wacholderbeeren
- 1500 g Schweinebraten
- Salz
- ½ TL edelsüßes Paprikapulver
- 750 g Kartoffeln, geschält und in Stücken
- 50 g Sahne
- 20 g Stärke

thermomix
Menu
00 00
0

Hackfleisch-Gerichte

Gehacktes dient vielen Familien als Basis ihrer Lieblingsrezepte, angefangen bei Frikadellen für den Alltag bis hin zum saftigen Hackbraten für das Wochenende. Hackfleisch bietet eine große Fülle an Möglichkeiten, ist meist preiswert und lässt sich einfach und dabei köstlich verarbeiten. Besonders vorteilhaft: Hackfleisch gart viel schneller als so manches Stück Fleisch!

Königsberger Klopse zu Salzkartoffeln

Die ursprünglich aus Ostpreußen stammenden Fleischbällchen in weißer Soße mit Kapern sind auch als saure Klopse, Kapernklopse oder Kochklopse bekannt. Was sagt man in eurer Familie?

4 Portionen | 00 50 std : min

Zubereitung

1. Das Brötchen in den geben und **12 Sek. | Stufe 7** zu Paniermehl verarbeiten. Umfüllen.

2. Zwiebel im für **5 Sek. | Stufe 5** zerkleinern. Paniermehl, Hackfleisch, das Ei, 1 TL Salz sowie 4 Prisen Pfeffer zugeben und **1 Min. | | Stufe 4** vermischen. Aus der Hackmasse mit feuchten Händen Klöße formen, auf dem Einlegeboden verteilen und diesen in den Varoma setzen. Den spülen.

3. Brühe in den füllen, Garkorb einhängen und die Kartoffeln einwiegen. Den Varoma aufsetzen und alles **28 Min. | Varoma | Stufe 1** garen. Anschließend Klopse und Kartoffeln warm halten und die Garflüssigkeit auffangen.

4. 400 g Garflüssigkeit in den einwiegen. Dann Weißwein, Sahne, Zitronensaft, Mehl, Butter, 1 TL Salz sowie 3 Prisen Pfeffer zugeben und **7 Min. | 100 °C | Stufe 3** kochen. Kapern zufügen und **15 Sek. | | Stufe 1** untermischen. Soße mit Salz und Pfeffer abschmecken. Die Klopse zusammen mit der Soße und den Kartoffeln anrichten und mit Petersilie bestreut servieren.

PRO PORTION:
839 KCAL | 37 G E | 51 G F | 55 G KH

Zutaten

- 1 altbackenes Brötchen, in Stücken
- 1 Zwiebel, halbiert
- 500 g gemischtes Hackfleisch
- 1 Ei
- Salz
- frisch gemahlener schwarzer Pfeffer
- 750 g Fleischbrühe
- 800 g Kartoffeln, geschält, in Stücken
- 100 g trockener Weißwein
- 250 g Sahne
- 2 TL Zitronensaft
- 45 g Mehl Type 405
- 20 g Butter
- 80 g Kapern, abgetropft
- einige Blättchen Petersilie zum Garnieren

Frikadellen mit Brokkolisalat, Pellkartoffeln und Dip

4 Portionen | 01:00 std : min

Ein Sommermärchen: Saftige Frikadellen mit erfrischendem Brokkolisalat, heißen Pellkartoffeln, und Dip – dieses harmonische Vierer-Team könnt ihr einfach jederzeit servieren!

Zubereitung

1. Für den Brokkolisalat Karotten mit Brokkoli, Apfel, Cranberrys, gemischten Kernen, Olivenöl, Essig, Ahornsirup, ½ TL Salz, 3 Prisen Pfeffer sowie Currypulver in den geben und nach Belieben **3–5 Sek. | Stufe 4,5** zerkleinern. Umfüllen und den spülen.

2. Für den Dip 2 Schalotten, Knoblauchzehe, Petersilie und Schnittlauch in den geben und **3 Sek. | Stufe 8** zerkleinern. Mit dem nach unten schieben. Quark, Joghurt, Schmand, Zitronensaft, ½ TL Salz, 3 Prisen Pfeffer und rosenscharfes Paprikapulver zufügen und **15 Sek. | Stufe 3** vermengen. In eine Schale umfüllen und den spülen.

3. Das Toastbrot in der Milch einweichen. Übrige Schalotte in den geben und **5 Sek. | Stufe 5** zerkleinern. Mit dem nach unten schieben. Das Hackfleisch, Senf, Ei, 1 TL Salz, ½ TL Pfeffer, Paprikapulver sowie das gut ausgedrückte Toastbrot zugeben und **1 Min. |** vermengen. Aus der Hackmasse etwa 10 Frikadellen formen und kalt stellen. Den spülen

4. Wasser und 1 ½ TL Salz in den sauberen geben. Kartoffeln in den Varoma legen, mit dem Deckel verschließen, aufsetzen und **30–35 Min. | Varoma | Stufe 2** garen.

5. Etwas Öl in einer großen Pfanne erhitzen und die Frikadellen darin rundherum goldbraun und knusprig braten. Die Frikadellen mit Dip, Pellkartoffeln sowie Brokkolisalat anrichten und servieren.

PRO PORTION:
928 KCAL | 46 G E | 50 G F | 75 G KH

Zutaten Salat

- 100 g lila Karotten, in Stücken
- 250 g Brokkoli, in Röschen
- 1 Apfel, geviertelt
- 20 g getrocknete Cranberrys
- 30 g gemischte Kerne (z. B. Sonnenblumenkerne, Kürbiskerne, Sesam)
- 30 g natives Olivenöl extra
- 15 g heller Balsamicoessig
- 20 g Ahornsirup
- ½ TL Currypulver

Zutaten Frikadellen und Dip

- 3 Schalotten
- 1 Knoblauchzehe
- Blättchen von ½ Bund Petersilie
- ½ Bund Schnittlauch, in Röllchen
- 300 g Quark
- 100 g Joghurt
- 50 g Schmand
- Saft von ½ Zitrone
- Salz
- frisch gemahlener schwarzer Pfeffer
- ¼ TL rosenscharfes Paprikapulver
- 3 Scheiben Toastbrot, ohne Rinde
- etwas Milch zum Einweichen
- 500 g gemischtes Hackfleisch
- 1 TL mittelscharfer Senf
- 1 Ei
- ½ TL edelsüßes Paprikapulver
- 500 g Wasser
- 800 g kleine Kartoffeln
- 2 EL Rapsöl

Falscher Hase

Der Hackbraten mit gekochtem Ei ist vor allem zum Osterfest sehr beliebt, er schmeckt aber auch an einem ganz normalen Wochentag und lässt sich dank Thermomix® rasch zubereiten.

4 Portionen

01 15 std : min

Zubereitung

1. Brötchen in den geben, **15 Sek. | Stufe 8** zerkleinern und umfüllen. Zwiebel, Knoblauch in den geben, **5 Sek. | Stufe 5** zerkleinern. Mit dem nach unten schieben. Hackfleisch, Senf, Brösel, 1 ½ TL Salz sowie 3 Prisen Pfeffer zugeben, **20 Sek. | | Stufe 4** vermengen.

2. Die Hälfte der Masse auf Frischhaltefolie streichen, Eier darauflegen, mit übriger Masse bedecken. Mit Paprika bestreuen. Mithilfe der Folie aufrollen, in den Varoma legen. Wasser sowie Gewürzpaste in den geben, den Varoma verschließen, aufsetzen und **20 Min. | Varoma | Stufe 1** garen.

3. Varoma absetzen und beiseitestellen, Garkorb in den einhängen, Kartoffeln einwiegen, Karotten auf Einlegeboden verteilen. Zucker über Karotten geben. Varoma aufsetzen und weitere **27 Min. | Varoma | Stufe 1** garen. Varoma und Garkorb zur Seite stellen. leeren, Garflüssigkeit dabei auffangen.

4. 300 g Garflüssigkeit, Milch, Mehl, 1 TL Salz, 3 Prisen Pfeffer und Petersilie in den geben, **5 Sek. | Stufe 5** mischen, **4 Min. | 100 °C | Stufe 3** kochen. Dann **20 Sek. | Stufe 10** aufschäumen.

PRO PORTION:
681 KCAL | 45 G E | 33 G F | 49 G KH

Zutaten

- 1 altbackenes Brötchen, in Stücken
- 1 Zwiebel, halbiert
- 1 Knoblauchzehe
- 600 g gemischtes Hackfleisch
- 1 TL mittelscharfer Senf
- Salz
- frisch gemahlener schwarzer Pfeffer
- 4 hart gekochte Eier, gepellt
- 1 TL edelsüßes Paprikapulver
- 800 g Wasser
- 2 TL Gemüse-Gewürzpaste
- 750 g Kartoffeln, geschält, in Stücken
- 300 g Karotten, in Stiften
- 2 Prisen Zucker
- 200 g Milch
- 30 g Mehl Type 405
- Blättchen von 1 Bund Petersilie

Tipp: Anstelle von Salzkartoffeln könnt ihr auch Stampf dazu servieren.

Bauerntopf

Während Zwiebeln, Knoblauch und Hackfleisch dünsten, könnt ihr das Gemüse vorbereiten. Es kommt dann samt Kräutern und Tomatensoße mit in den Mixtopf und die Arbeit ist getan!

4 Portionen

00:35 std : min

Zubereitung

1. Knoblauchzehen mit Zwiebel in den [Mixtopf] geben und **4 Sek. | Stufe 5** zerkleinern. Mit dem [Spatel] nach unten schieben. Das Pflanzenöl zufügen und **2 Min. | 120 °C** [TM31 bitte Varoma] | **Stufe 2** dünsten.

2. Das Hackfleisch dazugeben und alles **5 Min. | 120 °C** [TM31 bitte Varoma] | [Linkslauf] | [Sanftrührstufe] anbraten. Übrige Zutaten zugeben und alles **20 Min. | 100 °C | [Linkslauf] | Stufe 1** garen. Den Bauerntopf in tiefe Schalen füllen und noch heiß servieren.

PRO PORTION:
449 KCAL | 27 G E | 27 G F | 24 G KH

Zutaten

- 2 Knoblauchzehen
- 1 Zwiebel, halbiert
- 20 g Pflanzenöl
- 500 g gemischtes Hackfleisch
- 1 TL Salz
- 2 Prisen frisch gemahlener schwarzer Pfeffer
- 1 rote Paprikaschote, in kleinen Stücken
- 3–4 Kartoffeln, geschält, in kleinen Stücken
- 400 g passierte Tomaten
- ½ TL Chiliflocken
- 2 TL getrocknete Kräuter der Provence
- 200 g Wasser
- 1 TL Gemüse-Gewürzpaste

Während das Hackfleisch anbrät, könnt ihr das Gemüse schneiden und dann samt Kräutern zugeben.

Tipp: Die Würzmischung für selbstgemixte Kräuter der Provence findet ihr auf Seite 244 unter den Basisrezepten!

Cheeseburger

Eine saftige Frikadelle auf einem fluffigen Brötchen mit pikanter BBQ-Soße, buntem Gemüse und knackigem Salat – ein üppiger Burger sorgt doch immer für gute Laune am Tisch!

8 Stück | 00:40 std : min | zzgl. 1 Std. Ruhezeit

Zubereitung

1. Zunächst für die Buns Wasser sowie Hefe in den geben und **2 Min. | 37 °C | Stufe 2** erwärmen. Mehl, Öl, Zucker, 1 ½ TL Salz und 1 Ei in den geben, **3 Min. |** zu einem Teig verkneten. In eine Schüssel umfüllen und abgedeckt an einem warmen Ort 1 Std. gehen lassen.

2. Für die BBQ-Soße Zwiebel mit Knoblauch in den geben und **5 Sek. | Stufe 5** zerkleinern, mit dem nach unten schieben. Öl zufügen und **3 Min. | 120 °C** [TM31 bitte Varoma] **| Stufe 1** dünsten. Übrige Zutaten mit 1 TL Salz zufügen und **25 Min. | 100 °C | Stufe 2,5** ohne Messbecher einkochen. Garkorb als Spritzschutz aufsetzen. Die Soße in sterile Gläser füllen. So hält sie sich einige Wochen im Kühlschrank.

3. Backofen auf 200 °C Ober-/Unterhitze vorheizen. Aus dem Teig 8 Brötchen formen. 1 Ei verquirlen, die Brötchen damit bestreichen. Sesam auf einen kleinen Teller geben und die Oberseite der Brötchen hineindrücken. Auf ein mit Backpapier belegtes Blech legen und etwa 20 Min. backen. Aus dem Ofen nehmen und auf einem Gitter auskühlen lassen.

4. Für die Frikadellen das Brötchen in den geben, **15 Sek. | Stufe 10** zerkleinern, umfüllen. Zwiebel und Knoblauchzehe in den geben, **5 Sek. | Stufe 5** zerkleinern, mit dem nach unten schieben. 1 ½ TL Salz, 3 Prisen Pfeffer und die übrigen Zutaten, bis auf das Öl, zugeben, Brötchenbrösel hinzufügen und **30 Sek. | Stufe 4** vermengen. Aus der Masse 8 Frikadellen formen.

5. Restliches Öl in einer Pfanne erhitzen und die Frikadellen darin goldbraun braten. Die Weizen-Buns aufschneiden, mit der Soße bestreichen, mit je 1 Frikadelle, Käse, Tomatenscheiben, Salat und Zwiebelringen nach Belieben belegen und servieren.

PRO STÜCK:
699 KCAL | 29 G E | 34 G F | 68 G KH

Zutaten Weizen-Buns

- 230 g Wasser
- 20 g frische Hefe
- 450 g Mehl Type 405
- 50 g Sonnenblumenöl
- 20 g Zucker
- 2 Eier
- Sesam zum Bestreuen

Zutaten BBQ-Soße

- 1 Zwiebel, halbiert
- 2 Knoblauchzehen
- 20 g natives Olivenöl extra
- 200 g Ketchup
- 250 g passierte Tomaten
- 80 g brauner Zucker
- 40 g Tomatenmark
- 30 g Worcestersoße
- 20 g mittelscharfer Senf
- 10 g dunkler Balsamicoessig

Zutaten Frikadellen

- 1 altbackenes Brötchen, in Stücken
- 1 Zwiebel, halbiert
- 1 Knoblauchzehe
- 500 g Rinderhackfleisch
- 1 Ei
- 1 ½ TL mittelscharfer Senf
- 2–3 EL natives Olivenöl extra

Außerdem

- Salz
- frisch gemahlener schwarzer Pfeffer
- Cheddar- und Tomatenscheiben, Salat, weiße Zwiebelringe